Documents manquants (pages, cahiers...)

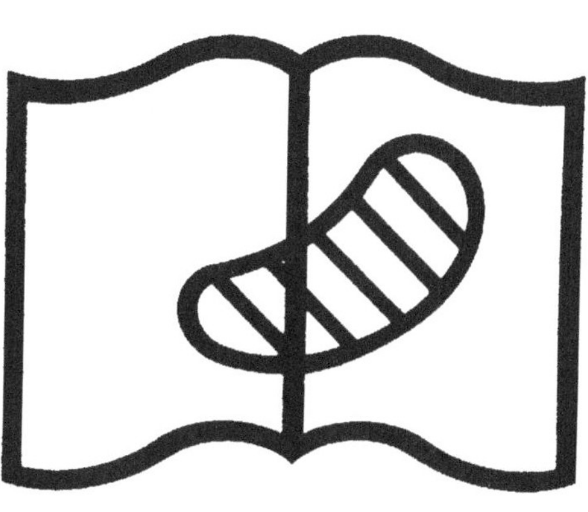

Original illisible

L.-A. BLANQUI

PAR

HIPPOLYTE CASTILLE

PARIS
FERDINAND SARTORIUS, ÉDITEUR,
9, RUE MAZARINE, 9

1857

PARIS. — IMPRIMERIE SIMON RAÇON ET COMP., RUE D'ERFURTH, 1.

L.-A. BLANQUI

« Cette vie douloureuse, pire que mille morts, est depuis si longtemps ensevelie, que je me trouve au milieu des générations perdues comme un homme abandonné.... Je suis enfermé dans le fond des lacs souterrains et des ténèbres de la mort. Je sens une mer confuse de malheurs pleine de monstres et de dragons, s'amonceler sur moi.. »

(Canzones de Campanella, traduction de madame Colet.)

J'ai bien des fois médité sur cette parole du Christ à Saint-Pierre : « Celui qui frappe avec l'épée périra par l'épée. »

Le grand Nazaréen entendait-il révéler par cette formule une des lois des sociétés humaines? Est-ce une règle générale des affaires humaines que l'excès trouve en lui-même son remède? A ce compte, la guerre aurait depuis

longtemps détruit la guerre. Et tout prouve,
tout constate, au contraire, que la guerre est
éternelle.

D'autre part, le monde est couvert d'hommes sanglants qui meurent chargés d'ans,
par simple extinction du principe vital.

Ce qui sans doute après sept tortures et vingt-
sept années de captivité fit dire au vieux Campanella, dont j'ai placé quelques lugubres paroles en tête de ce sombre portrait : « Si tu
redescends sur la terre, viens armé, Sei-
gneur ! »

Le monde est comme une nuit ténébreuse.
Les penseurs, les philosophes, lueurs vacil-
lantes qui rayent l'obscurité de leur sillon
lumineux, semblent redoubler encore les in-
certitudes de l'esprit qui cherche sa route à
travers l'infini. Et du sein de ce gouffre noir
une voix immense exhale cette parole : Con-
tradiction !

Mais, si l'infiniment vrai échappe à notre
nature bornée, les vérités relatives nous frap-
pent les yeux. Si les lois et les destinées de
l'humanité ne nous apparaissent que confu-

sément et contradictoirement, les individua-
lités n'ont pas de mystères pour nous.

Si enveloppée que puisse être l'âme de
M. Blanqui, par exemple, il est aisé d'en dis-
tinguer le trait principal.

Il a eu trop de foi dans la force et pas assez
de confiance dans l'idée.

Il a voulu résoudre par la force le problème
de la démocratie; la force a eu raison de lui.

La force mène le monde, a dit un sage.
Sans doute, mais à la condition qu'elle soit la
force, c'est-à-dire la puissance morale unie
aux gros bataillons. Pour trancher un problème par la force, il faut commencer par la
posséder, dirait M. de la Palice.

Quelquefois, comme à Naples aujourd'hui,
par exemple, la force matérielle est d'un côté,
la force morale de l'autre. Il est bien évident
que dans une lutte de ce genre la première
victoire appartient au sabre, mais il est bien
rare que la lutte ne se termine pas à l'avantage du droit. Il est de la nature du droit de
susciter des défenseurs. Le droit méconnu
d'un peuple est d'ailleurs un prétexte perma-

nent dont tels ou tels intérêts politiques ne tardent pas à s'emparer.

Les persécutions des sujets chrétiens de l'empire ottoman ont permis à la Russie de gagner sans cesse du terrain vers l'Asie, et il a fallu qu'elle-même abusât de la force pour que les intérêts de la politique occidentale trouvassent moyen d'intervenir au nom du droit.

Reste à s'entendre sur le droit. Car M. Blanqui pourrait nous répondre : Je me suis levé au nom des souffrances du peuple, j'avais au moins le droit de mon côté.

Le droit absolu peut-être, mais non le droit relatif, c'est-à-dire le droit tel qu'il était compris alors par la grande majorité de la nation française.

D'où il résulte que M. Auguste Blanqui, entrant en guerre contre le gouvernement de Louis-Philippe en 1839 avec un millier de conspirateurs et une idée du droit admise par un très-petit nombre de citoyens, n'avait pour lui ni l'un ni l'autre des deux éléments qui constituent la force.

Il devait inévitablement se briser. Il a voulu recommencer la même lutte en 1848; il s'est brisé encore. Plus patient à cette dernière époque, il eût peut-être fini par triompher. Sans le 15 mai, la bataille de Juin aurait eu des chefs, la seule chose qui lui manqua pour réussir et entraîner les destinées de la Révolution.

L'habileté des ennemis de M. Blanqui fut de l'exaspérer par de savantes calomnies et de précipiter son action. Il n'a pas vu où on le conduisait. Il a senti la morsure, et la douleur lui a donné le vertige. Écoutez ce cri qu'elle lui arrache :

« La calomnie est toujours la bienvenue ! La haine et la crédulité la savourent avec délices. Elle n'a pas besoin de se mettre en frais ; pourvu qu'elle tue, qu'importe la vraisemblance ? L'absurdité même ne lui fait point de tort. Elle a un secret avocat dans chaque cœur, l'envie. Ce n'est jamais à elle, c'est à ses victimes qu'on tient rigueur et qu'on demande des preuves. Toute une vie de dévouement, d'austérité et de souffrances

s'abîme, en une seconde, sous un geste de sa
main. »

Quelles que puissent être ses erreurs,
M. Blanqui, par son caractère et ses malheurs, par l'influence qu'il a exercée sur les
événements en plusieurs circonstances, appartient à l'histoire.

Nous avons vu dans M. Ledru-Rollin l'expression de l'école jacobine dans la démocratie
moderne, copie malheureuse et bien peu res-
semblante d'un puissant original ;

Nous avons dans M. Louis Blanc une des
facettes de l'idée socialiste ;

Aujourd'hui nous faisons un pas de plus
dans ce vaste labyrinthe de la démocratie
française. Dans cette galerie politique du
globe, il faut que la France apparaisse entière, parce que la France est, comme on l'a
dit avec bonheur, le *cerveau du monde*. C'est
au cerveau qu'aboutissent les innombrables
fils du réseau nerveux. C'est en France que
le réseau des questions étrangères vient se
nouer.

Dans cette démocratie qu'on trouve au

premier plan de la politique française, M. Auguste Blanqui, comme MM. Ledru-Rollin, Louis Blanc et d'autres encore qui trouveront place ici, M. Auguste Blanqui représente quelque chose. Il représente, hélas ! une chose triste et terrible : l'*insurrection*.

Je n'appelle pas insurrection la convulsion d'une nation qui vomit un roi dont elle est malade, comme l'a fait la France en 1848 ;

Je n'appelle pas insurrection le soulèvement d'un peuple qui livre des batailles rangées à ses oppresseurs, comme l'ont fait légitimement la Pologne, la Hongrie et l'Italie.

Ceci est la lutte de l'indépendance contre la tyrannie, du droit contre la force.

Je nomme insurrection la prise d'armes d'une société secrète qui, au milieu du calme des esprits, sans mission, sans mandat, sans connaissance de la situation, sans philosophie des intérêts, sans hauteur de vue, sans notion des hommes et des choses, par fièvre, par entraînement, par impatience, avec un fusil de chasse et trois cartouches dans la

poche, se jette dans la rue à la conquête d'un
gouvernement. L'insurrection ainsi définie,
je la regarde comme un crime, par cela même
qu'elle est inefficace, parce qu'il n'est pas
permis en pareille matière de se tromper.
Quiconque touche à l'insurrection ressemble
à un chimiste qui manipule des poisons. La
plus petite erreur dans la dose, c'est l'ex-
plosion, c'est la mort, c'est une terrible ca-
tastrophe. Mais, cette réserve faite, il y a
deux choses que je ne chercherai point à dissimuler : c'est l'estime que j'éprouve pour
le courage et la loyauté de M. Barbès, et l'in-
térêt que m'inspirent l'intelligence et les
souffrances de M. Auguste Blanqui.

Les personnes qui daignent nous lire sa-
vent quelle indépendance nous apportons dans
nos appréciations.

Je ne me piquerai jamais d'être en politique
absolument impartial ; je ne crois pas que
personne puisse arriver à cette perfection,
dont il est assez d'usage de se vanter. Mais
j'espère rester toujours psychologiquement
équitable et ne pas me dissimuler les défauts

de ceux que j'admire ni les qualités de ceux que je méprise.

Dans le combat qui eut lieu rue Saint-Denis en 1827 à propos des élections, on releva presque mourant un jeune étudiant en droit de vingt et un ans, qu'une balle venait de frapper au cou. Ce jeune homme pâle, maigre et d'apparence chétive, résista pourtant à cette terrible blessure et guérit si bien, que trois ans après, à la Révolution de juillet, il prenait une seconde fois les armes et contribuait à renverser la dynastie des Bourbons.

Tels furent les débuts dans la vie de Louis-Auguste Blanqui, fils d'un conventionnel de Nice, au temps où existait le département des Alpes maritimes.

Avant d'arriver à Paris, le jeune Auguste Blanqui avait servi de précepteur aux enfants d'un général de cavalerie dont je tairai le nom. Âpre à la science, dans un âge où le plaisir l'emporte ordinairement sur les préoccupations de l'étude, il a tour à tour étudié le droit et la médecine.

Il avait vingt-cinq ans lorsque éclata la Ré-

volution de juillet. Comme beaucoup d'autres
patriotes, le jeune Auguste Blanqui crut l'heure
de la réalisation de ses principes républicains
venue. Il avait oublié sa blessure de 1827.
Paris entier d'ailleurs était enflammé du génie de la révolte. Les ordonnances avaient
mis le feu aux imaginations.

Le 28, l'exaltation s'accrut et prit le caractère d'une révolution. M. Auguste Blanqui
s'était rendu dans les bureaux d'une gazette
fameuse, le *Globe*, qui avait alors pour per-
sonnel de rédaction la plus brillante pléiade
de renégats politiques qui aient jamais distillé
de la prose de journal autour d'un tapis vert.
Il y avait là les Cousin, les Villemain, les
Sainte-Beuve et autres gens de petite âme et
de grand talent, qui surent tirer si bon parti
de la monarchie de Juillet.

On causait, comme partout, des événements du jour. La conversation, ainsi qu'il
arrive en pareille circonstance, était assez peu
soutenue et retombait souvent, boiteuse, sur
cette phrase connue : « La situation est très-
grave. » Puis venait cette question :

« Que faire?

« — Pour moi, s'écria M. Blanqui, je prends mon fusil... »

« — Prenez garde à ce que vous allez faire, monsieur, interrompit M. Cousin, le drapeau blanc est le drapeau de la France! »

Pendant que le parti républicain aidait le peuple à chasser les Bourbons, les habiles intriguaient. M. Thiers, à Neuilly, offrait à Louis-Philippe la couronne de France, ou, ce qui en était la promesse, la régence du royaume, au nom du *National*, et recevait un verre d'eau sucrée des royales mains de madame Adélaïde.

M. Auguste Blanqui s'était battu pour l'idée républicaine. Il avait devancé le temps. Le gouvernement de Louis-Philippe n'était pas fait pour le consoler de l'ajournement de ses espérances. Décoré de cette dérisoire croix de Juillet, qui devint bientôt une mauvaise note aux yeux du nouveau pouvoir, M. Blanqui dut se demander si tel devait être le dénoûment de la tragédie; si, en effet, la France

n'avait chassé la branche aînée que pour s'in-
féoder à la branche cadette.

Désolé, comme la plupart des républicains,
de l'issue de la Révolution de juillet, son esprit s'assombrit. L'ardeur qui le dévorait,
mais surtout sa croyance absolue dans l'effi-
cacité des moyens violents, le jetèrent dans
cette série d'entreprises désespérées qui for-
ment les anneaux de sa douloureuse existence

Dès lors, chaque fois que l'émeute gron-
dera dans Paris, que l'insurrection éclatera
dans les rues sombres des quartiers populai-
res, M. Blanqui sera là, soufflant la révolte et
se multipliant dans une dévorante activité.

Il a compris le sens de la Révolution de
juillet. Or cette révolution, ce n'est pas seulement une dynastie succédant à une autre,
le drapeau tricolore substitué au drapeau
blanc; ce n'est pas seulement une occasion
de fortune pour quelques centaines d'aventu-
riers politiques qui, à toutes les époques sem-
blables, s'abattent comme une volée de cor-
beaux sur la proie nationale, dès que le peuple l'a couchée à terre.

Pour M. Blanqui, pour les hommes avancés du parti républicain, la Révolution de juillet, c'était la classe moyenne absorbant à son profit les promesses de 1789 et de 1792, et empêchant les conséquences des principes posés à cette grande époque de s'étendre jusqu'au prolétariat.

Ceci admis, la physionomie politique de M. Blanqui prenait un caractère plus large. Il allait représenter, dans sa vie de complots, d'insurrections et de cachots, la lutte du prolétariat contre la classe moyenne; lutte terrible, incessante, prévue par Necker, baptisant les grands propriétaires de *lions dévorants*, — incomprise par Sieyès s'imaginant que le peuple et le tiers état étaient une seule et même chose.

Au milieu de ces jours de troubles qui suivirent la Révolution de juillet, un noyau de républicains s'était formé sous le nom de *Société des Amis du peuple*. M. Blanqui devint l'âme de ce club, où le feu sacré de 1789 et de 1793, recueilli comme un trésor au milieu de la désertion qui suit les révolutions

détournées de leur but, fut soigneusement
entretenu.

Un journal sortit de ce foyer républicain,
et le journal conduisit M. Blanqui devant la
cour d'assises. On nomma cette affaire le *procès
des Dix-Neuf*. M. Auguste Blanqui ne voulut
point d'avocat. Avec cette éloquence amère
qui sait fouiller jusqu'aux derniers replis des
entrailles du peuple, et y réveiller le démon
de la lutte, il exposa ses doctrines.

Elles durent faire pâlir Carrel, Marrast et
toute cette brillante gironde du *National*, à
peine séparée du gouvernement de Juillet
par la forme gouvernementale et peut-être
même par une simple question de cabinet.

« Qui aurait pu penser, s'écria M. Blanqui, que les bourgeois appelleraient les ouvriers la plaie de la société? Les privilégiés
vivent grassement de la sueur du peuple.
Qu'est-ce que votre Chambre des députés?
Une machine impitoyable qui broie vingt-
cinq millions de paysans et cinq millions
d'ouvriers pour en tirer toute la substance qui
est transvasée dans les veines des privilégiés. »

Il parla des ouvriers « grands de six pieds dont on baisait à l'envi les haillons; » il évoqua les « ombres magnanimes » des prolétaires décédés et montra pour récompense leurs enfants « au fond des cachots. »

« Chaque soir, dit-il, je m'endormais sur mon *grabat* au bruit de leurs gémissements, aux imprécations de leurs bourreaux et au sifflement du fouet qui faisait taire leurs cris. »

Quel art dans ce mot *grabat!* Comme il s'associe habilement aux misères et aux tortures du peuple! Dix ans plus tard, le comte Jaubert s'écriait : « Je suis peuple! » Boutade de ministre tombé. Mais le *grabat!* Ceci s'appelle être peuple, hélas!

« Voilà, s'écria-t-il ensuite, la France de Juillet telle que les doctrinaires nous l'ont faite. Qui l'eût dit, dans ces jours d'enivrement, lorsque nous errions machinalement, le fusil sur l'épaule, au travers des rues dépavées et des barricades, tout étourdis de notre triomphe, la poitrine gonflée de bonheur, rêvant la pâleur des rois et la joie des peuples quand viendrait à leurs oreilles le mugis-

2

sement lointain de notre *Marseillaise*, qui
l'eût dit que tant de joie et de gloire se chan-
gerait en un tel deuil? »

Le jury n'osa pas condamner ce terrible
apôtre de la mort, de la prison et du grabat.
Mais la cour, moins timide, infligea pour dé-
lit d'audience un an de prison et deux cents
francs d'amende.

Quand vint le procès d'avril, M. Auguste
Blanqui reparut un moment sur la scène politique. Il figura à la Chambre des pairs parmi
les défenseurs des accusés d'avril. Il fut aussi
impliqué en 1836 dans le procès des poudres,
et condamné à deux ans de prison et trois
mille francs d'amende. Amnistié en 1837, il
se retira avec sa femme et ses enfants à Pon-
toise. Mais cette retraite n'était qu'apparente.
Il se préparait à un coup de main, et, en at-
tendant, il allait souvent s'asseoir au foyer
de Lamennais.

Le glaive du prolétariat se trempait en
quelque sorte à cette forte source. Tous deux
représentaient bien le pape et le soldat de la
démocratie.

Pendant les débats du procès d'avril 1835, une société secrète s'était formée sous le nom de *Société des Familles*. Plus tard, elle se transforma en *Société des Saisons*.

M. Auguste Blanqui, aidé de MM. Raisant, Lamieussens et Martin Bernard, opéra cette transformation, qui dura un an et fut achevée en 1838. On recruta jusqu'en 1839, époque à laquelle la Société compta huit cent cinquante hommes.

À peine une société secrète est-elle organisée, qu'elle demande le combat. Il n'est pas facile à ceux qui la dirigent de modérer ce zèle compromettant. Une autre société, dite *des Montagnards*, s'étant formée sur ces entrefaites, se conduisit avec si peu de circonspection, qu'elle pouvait entraîner la perte des *Saisons*.

Il fallut se résoudre à prendre les armes.

M. Blanqui crut la situation générale assez propice. La classe moyenne se désaffectionnait du roi; on sortait des émeutes d'avril; le commerce souffrait, une crise ministérielle augmentait le mécontentement.

Des revues insurrectionnelles eurent lieu les deux premiers dimanches de mai. La seconde de ces revues se passait le 12, à deux heures de relevée. La famille royale et le monde élégant assistaient aux courses du Champ de Mars.

M. Blanqui crut le moment propice, et, s'élançant dans un lieu où l'attendaient MM. Barbès, Martin Bernard et autres chefs sous ses ordres, il leur déclara que l'heure du combat était venue. « Marchons! » s'écria-t-il en tirant un pistolet de sa poche.

Un instant après, il dirigeait l'envahissement des magasins de l'armurier Lepage.

Le plan des insurgés était de s'emparer de la préfecture de police et de lancer de ce quartier général des colonnes dans toutes les directions.

Les fusils manquaient. Chaque homme avait à peine trois cartouches, qui souvent n'étaient pas conformes au calibre de son fusil. L'esprit public, tourné aux agitations parlementaires, ne songeait pas à une lutte armée, mée,

Cette funeste tentative fut promptement ré-
primée. M. Blanqui, après avoir, pendant six
mois, échappé à toutes les recherches, fut
arrêté au moment où il allait s'embarquer et
traduit, en janvier 1840, devant la Chambre
des pairs, constituée en haute cour; il fut
condamné à mort sans avoir voulu se défendre.
Cette condamnation, comme celle de M. Barbès, fut commuée en détention perpétuelle.

Le 6 février 1840, au milieu des rigueurs
de l'hiver, M. Blanqui arriva au mont Saint-
Michel.

C'est un cône de roches fauves qui se
dresse au milieu des grèves mélancoliques de
la Bretagne. La plupart du temps la brume
l'enveloppe comme d'un linceul, et l'Océan
aux marées montantes accourt blanc d'écume
et l'entoure, comme si le sol français vou-
lait rejeter de son sein cette hideuse tumeur
qui la déshonore.

Ces roches sauvages ont été teintes du sang
des sacrifices druidiques, un autel à Jupiter
s'y éleva au temps de la domination des Ro-
mains dans les Gaules, puis un moutier aux

murailles épaisses s'assit sur les débris des autels païens[1]. Plus tard le moutier devient moitié couvent, moitié forteresse. Une petite villace, honteuse et timide, toute peuplée d'un monde à part, monde de geôle, de greffe, de cantine, s'est peu à peu pressée aux flancs du rocher.

Ce lieu sinistre, rempli d'oubliettes, d'*in-pace*, de cachots et de mystères funèbres, tenta le sombre génie de Louis XI, qui en fit une prison, gardée par des moines, sous l'invocation de saint Michel.

On y a fait, au seizième siècle, des hécatombes de protestants. Il a été approvisionné, sous Louis XV, par les lettres de cachet. Ses murailles suintent le crime. Le mont Saint-Michel est, comme la Bastille, une des hontes de la France. C'est un cosmos lugubre, espèce d'antichambre de l'enfer, placé entre le royaume des morts et celui des vivants, avec ses divisions, ses noms pleins de désespoir : *le petit exil, le grand exil*, etc.

[1] Voir l'intéressante *Histoire du mont Saint-Michel*, par M. Fulgence Girard.

La Malebolge de cet enfer se nomme dérisoirement : *Tour de la liberté*, — peut-être parce qu'on y meurt.

Dans leur argot sinistrement trivial, les voleurs appellent le mont Saint-Michel : le *tombeau des malins*.

Dans ses longues nuits solitaires, le prisonnier, du fond de son cachot, y entend sans cesse la voix de l'Océan qui brame et se lamente ; l'idée du désespoir et de la mort descend alors dans l'âme du prisonnier et n'en sort plus.

En 1777, à l'âge de quinze ans, quand déjà la Révolution s'éveillait dans l'âme de la France, Louis-Philippe, alors duc de Chartres, accompagné de sa sentimentale gouvernante, madame de Genlis, était descendu au fond des obscurs souterrains du mont Saint-Michel.

Là gisait une cage de chêne où l'on enfermait les prisonniers qui excitaient plus particulièrement la barbarie de leurs geôliers. On mit une petite hache dans la main de monseigneur, qui porta le premier coup à la cage.

« Je n'ai rien vu de plus attendrissant ! »
s'écrie madame de Genlis. Tout le monde
pleurait. Mais celui qui pleurait le plus fort
était le concierge de la prison, désolé des pro-
fits qu'il perdait, ne pouvant plus montrer
la cage.

Le vieux Louis-Philippe, devenu roi, se
souvint sans doute de sa visite au mont Saint-
Michel, et trouva que c'était une bonne prison pour enfermer des républicains.

Quand M. Auguste Blanqui arriva au mont
Saint-Michel, MM. Armand Barbès et Martin
Bernard l'y avaient déjà précédé.

Martin Noel, à moitié assassiné par les ar-
goussins, s'y mourait.

Staub venait de se tuer avec un rasoir.

Austen était devenu fou.

Je ne me sens pas le cœur de raconter les
misères, les horreurs et les tortures de ce lieu
infâme.

Le malheur, sous toutes les formes, y at-
teignit M. Blanqui. Au bout d'un an, il y ap-
prit la mort de sa jeune femme, qu'il adorait
et dont il était adoré. Sa vieille mère, âgée de

soixante ans, vint lui apporter ses consolations. Elle fit cent lieues pour voir son fils, et la porte de la prison lui fut refusée. Le ministre accordait l'autorisation d'entrée, mais le directeur, qui obéissait au roi, refusait.

Lorsqu'elle eut enfin arraché cette autorisation, cette mère héroïque, malgré son grand âge, faisait quatre lieues à pied, parmi les grèves, pour gagner le mont Saint-Michel et embrasser son fils.

On l'a revue plus tard, à soixante-quinze ans, revenir, visiter d'un pied lent, à Belle-Isle, son fils, prisonnier sous la République comme s'il l'avait été sous la monarchie. Auguste Blanqui était l'enfant de ses douleurs et de sa prédilection [1].

Leurs rares entrevues, pendant ces heures de prison qui ont déjà dévoré dix-neuf années

[1] Madame Blanqui, âgée aujourd'hui de quatre-vingts ans, n'a d'autre infirmité qu'un peu de surdité. C'est la femme forte par excellence. Outre M. Auguste Blanqui, elle a eu deux autres fils, dont l'un, l'économiste, est mort, on sait, il y a peu de temps. Le troisième est un mécanicien distingué.

de l'existence de M. Blanqui, étaient souvent
troublées par la présence d'un geôlier. Tous
deux s'exprimaient alors en italien.

Au mois de janvier 1840, un redouble-
ment de rigueur se fit sentir dans le régime
de la prison du mont Saint-Michel. D'inuti-
les tortures furent infligées aux prisonniers.
L'avenir s'assombrit pour eux. Le cercle de
leurs douleurs se retrécit.

Le détail des dramès souterrains qui se
passaient sur un petit coin de la terre de
France, presque submergé par l'Océan, for-
ment au règne de Louis-Philippe des pages
lugubres qu'il est utile de ne pas oublier, non
qu'un sentiment de haine puisse encore s'at-
tacher à ce peu de poussière qui fut un roi,
mais parce que ces pages sont inscrites au
passif d'un régime pour lequel milite encore
un vieux parti.

Mais ce sont les acteurs, ou plutôt les pa-
tients du drame qu'il faut entendre sur ces
choses funestes. Je détache du livre de
M. Fulgence Girard quelques pages de ce

dossier qu'on croirait empruntées aux car-
tons de la police de M. Metternich.

M. Blanqui explique lui-même sa situation
en ces termes d'une simplicité sinistre.

« Les factionnaires se mirent tout à coup
à nous enjoindre de quitter nos grilles, en
menaçant de faire feu; je fus menacé le premier. Comme j'étais silencieux et tranquille
à humer un peu l'air du dehors, je fis demander sur-le-champ au directeur ce que
cela signifiait. Il me répondit que c'était un
malentendu, une méprise du factionnaire, et
que cela n'arriverait plus.

« Le surlendemain je suis menacé de la
même façon : nouvelle plainte suivie de la
même réponse.

« Le lendemain Martin Bernard, Quignot
et Delsade reçoivent l'injonction de se retirer
de la fenêtre, injonction suivie de la menace
et du geste de faire feu. Delsade, indigné,
poussé à bout, court prendre sa chandelle
(c'était le soir), la pose sur sa fenêtre, et, pré-
sentant la tête aux barreaux, il cria au factionnaire :

« Tire donc, j... f..., tire donc : tu verras clair pour viser. »

Un rapport au ministre fut la conséquence de ce fait.

Pour mieux exciter la colère des soldats contre les détenus, on fit lancer de la fenêtre du directeur de la prison des pierres qui allaient frapper les factionnaires. Ceux-ci croyaient que ces pierres tombaient des fenêtres des prisonniers placées sous celles du directeur.

Cette méprise, qui exaltait la fureur des soldats, fut enfin découverte par une sentinelle qui s'était placée en observation.

L'espace me manque pour esquisser les physionomies du tableau. Voici, d'ailleurs, une silhouette tracée de la main de M. Blanqui; elle ne ressemble guère aux figures sentimentales des geôliers allemands de Sylvio Pellico.

« Certes, c'est un étrange personnage, écrivait Auguste Blanqui dans une de ses lettres, que cet aumônier-charpentier, qui a un grand fils commis aux écritures, qui ôte sa chasuble après la messe pour grimper sur

les charpentes, qui pose et scelle les verrous
et les barreaux, construit les portes des cachots, qui confesse et claquemure ses ouailles.
Il est connu comme un homme avide, sans
foi, méchant, faux, et il est sale comme un
peigne, laid comme le plus laid des singes.
Je ne le fais pas de style, j'écris *currente
calamo*; c'est lui qui a imaginé les grandes
grilles qui ont transformé nos cellules en
cages de fer; c'est lui qui a joué le rôle le
plus hideux dans ce drame. Lorsque, le
6 avril, on vint prendre mesure pour les
grilles, il accompagnait l'architecte. Il entre
d'un air riant, vient à moi, me prend les
mains, me parle avec effusion, en ayant soin
de se placer entre la fenêtre et moi, de manière à me masquer le commis, qui prenait
rapidement les mesures.... »

Les sévices exercés contre les prisonniers
prirent un caractère si grave, qu'un d'eux,
nommé Delsade, fut frappé d'un coup d'épée.

Le fait fut porté à la connaissance du public par le journal d'Avranches, dans les
lignes suivantes :

« Quant au coup d'épée reçu par le sieur
Delsade, il n'a porté que dans le pantalon ;
celui qui s'est porté à cet acte avait-il l'in-
tention de l'atteindre sérieusement?... J'en
doute, pour son honneur, parce que, suivant
le rapport d'un témoin *de visu*, rien ne justi-
fiait cette triste extrémité. Le sieur Delsade
était tenu par quatre gardiens vigoureux, et
chacun d'eux avait le double de la force né-
cessaire pour le contenir : il était d'ailleurs
sans armes. »

Cependant le secret des iniquités du mont
Saint-Michel transpirait au dehors. Les pa-
rents, les amis des détenus, et parmi les plus
dévoués on peut citer M. Fulgence Girard, ré-
pandaient dans la presse, à la Chambre, le
bruit des sévices qu'on infligeait à ces infor-
tunés. La plupart d'entre eux ne tenaient
plus à la vie que par un fil. L'air des grèves
bretonnes, « pointu, dit M. Blanqui, comme
une ode en losange de M. Victor Hugo, » dé-
chirait les poitrines affaiblies par le mauvais
régime, l'humidité, la fièvre.

D'autres, au contraire, éloignés du soupi-

rail de leur cachot par trois grilles successives,
ne respiraient plus.

M. Blanqui était du nombre. Or, quoique
frileux, l'air lui est tellement indispensable,
qu'il a sans cesse le cou nu et garde, même
en hiver, sa fenêtre ouverte.

Qu'on juge de ce qu'il dut souffrir lorsque
l'air ne lui arriva plus qu'à travers trois grilles
superposées !

Laissons le prisonnier raconter lui-même
le poëme de son agonie :

« A mon retour des loges, j'étais si malade,
que, la nuit, les souffrances m'arrachaient des
plaintes involontaires ; Godard, qui était au-
dessous de moi et qui ne dort pas non plus,
entendait ces gémissements dans le silence de
la nuit. Il s'adressa au directeur et lui parla
avec indignation de l'état où on me laissait,
le médecin, qui était présent, lui dit :

« — Que voulez-vous? M. Blanqui a des
peines cruelles [1] ;... sa santé est bien mau-

[1] Madame Auguste Blanqui venait de mourir.

vaise; il est bien faible.... Nous n'y pouvons
rien.

« Cependant le directeur et lui vinrent
chez moi. Theurrier me demanda ce que
j'avais à réclamer :

« — Rien, dis-je.

« Le médecin m'interrogea à son tour,
pour savoir si j'avais quelques médicaments
à demander.

« — Il n'y a, lui répondis-je, d'autre mé-
dicament que de me tirer le pied de sur la
gorge. Vous me faites périr là dans un cachot. Pourquoi ne suis-je pas dans une infirmerie?

« — Ah!... il n'y a pas d'infirmerie pour
vous autres; vous êtes dans une position exceptionnelle; vous devez rester constamment
dans vos cellules.

« — Mais les voleurs en ont une infirmerie; on les y soigne quand ils sont malades.

« — Ah! les voleurs!... c'est bien diffé-
rent.

« — Vous voyez bien que vous nous faites
périr d'une mort affreuse, dans ces oubliettes!

C'est pire que la Bastille. On y avait certaine-
ment un hôpital pour les malades.

« — Vous parlez de la Bastille ; mais à la
Bastille on a vu des prisonniers vivre trente
ans dans leur cachot sans lumière : on finit
par s'acclimater....

« Telles furent la consultation et l'ordon-
nance du médecin ; quant au directeur, je
lui disais :

« — Vous avez achevé votre œuvre de
mort en plaçant cette grille qui me repousse
à six pieds de la fenêtre et m'ôte le peu d'air
que nous pouvions avoir par nos barbacanes,
vous avez placé en dehors un grillage à treil-
lis serré qui arrête l'air comme la lampe de
Davy arrête la flamme, et en outre de tout
cela j'ai encore deux grilles ; il ne me reste
pas un quart de l'ouverture totale de cette
meurtrière ; vous feriez mieux de me faire
étrangler tout de suite dans mon trou.

« — Il y a des ordres exprès de placer ces
grilles et grillages.

« — C'est un ordre d'assassinat ; croyez-

vous qu'en nous voyant succomber tour à
tour l'opinion ne s'émouvra pas enfin ?

« — Vous êtes ici vingt-sept, reprit le docteur ; il est dans l'ordre naturel que vous
mourriez de temps en temps.

« — D'ailleurs, reprit Theurrier, vous
vous tromperiez beaucoup de croire qu'on
songe à vous plaindre ; il n'y a qu'un cri
contre vous dans l'opinion publique. Les vi-
siteurs qui viennent voir la maison s'expri-
ment énergiquement à ce sujet et vous trouvent trop bien ici. Je montrais encore hier à
une société la marmite où l'on fait votre
cuisine, et je lui disais : Voilà la cuisine des
politiques. — Comment ! s'est-on écrié, est-ce
qu'on leur fait une cuisine à part ? Mais c'est
un tort, un très-grand tort ! Ces gens-là ne
doivent pas être nourris autrement que les
voleurs. C'est très-mal vu. — Vous voyez,
ajoutait-il, que vous êtes encore traités avec
trop de douceur ; l'opinion publique s'en in-
digne. Au surplus, cette captivité n'est une
peine que pour trois ou quatre d'entre vous,
qui avez au dehors des moyens d'existence :

tous les autres sont nourris ici pour rien et à rien faire, ils n'auraient pas ainsi au de[ssus] leur pain tout trouvé. Les voilà bien à plaindre!

...! grand Dieu! faut-il se voir insulté avec cette barbarie sur son lit de douleur? J'ai gardé le silence : qu'avais-je à dire à ces deux consolateurs, debout, aux côtés de mon grabat, comme deux génies de l'enfer, se relayant pour achever leur victime? »

La plus lamentable peut-être de ces révélations d'un passé qui envoie à l'esprit comme un souvenir de l'inquisition espagnole a été écrite par un pauvre étudiant, jeté sans doute par entraînement de jeunesse dans cette mauvaise affaire de mai et condamné à deux ans de prison. Son nom est Béraud. C'est lui-même qui parle. Son récit peut faire pendant à ce que nous racontions du bagne de Nîmes dans le portrait du marquis [illegible].

« ... Bientôt je vis ma chambre [illegible] par vingt [illegible], à la tête desquels se trouvait Turpin, le sabre à la main, la fureur dans les yeux. On me saisit et l'on me mit

les fers aux pieds et aux mains. Ces fers n'a-
vaient pu être mis à d'autres, tant ils étaient
étroits. Un prisonnier civil, le serrurier, fut
appelé pour les river; on me traîna ensuite
aux loges par les fers des pieds et en me
frappant à plusieurs reprises. Arrivé aux loges, je demandai l'inspecteur; on me menaça du bâillon si je ne me taisais pas.
Les fers avaient fait enfler mes pieds et mes
mains; j'essayai, au bout de vint-quatre heures, d'arracher un clou à la muraille; j'y par-
vins avec mes dents; et, après deux heures
d'efforts, je réussis, en tournant la vis, à des-
serrer un peu mes fers. Mais ce fut pour mon
malheur. Le soir, une ronde de gardiens vint
me les visiter, et Turgot, s'apercevant qu'ils
étaient desserrés, me maltraita et envoya
chercher un tourne-vis. Avec l'aide de Gaillard, il tourna vigoureusement la vis, et aussitôt le sang jaillit. Je sentis mes os broyés; la
douleur m'arrachait des cris, mais ils tour-
naient toujours. Voyant que j'avais encore
mes lunettes, il me les arracha : Des misérables comme vous, me dit-il, ne doivent rien

avoir. Puis, tirant son sabre, il m'en menaça en ajoutant : *Le premier qui raisonne, je le lui passe à travers le ventre*. Je tombai évanoui sur les dalles et restai sans connaissance, tant les douleurs que j'éprouvais étaient vives. Il me laissèrent ainsi, et pendant la nuit je les vis revenir régulièrement visiter les fers qui m'entraient dans les chairs. Ainsi firent ils toute la journée, de deux heures en deux heures, et la nuit suivante. Le surlendemain, huit heures après la visite du médecin qui vint pour juger de mon état, on m'ôta ces fers. Déjà malade d'une affection de poitrine avant d'aller aux loges, ma situation empira beaucoup. Je fis de nouveau appeler le docteur et réclamai ses secours :

« — C'est inutile, monsieur, me dit-il.

« — Comment, inutile?...

« — Eh! sans doute; vous n'avez plus que onze mois à rester ici; d'ici là vous ne mourrez pas.

« — Mais je puis mourir le lendemain de mon départ.

« — Cela ne me regarde pas.

« Et il sortit... »

Et, M. Blanqui ajoute ce témoignage plus
épouvantable que le récit lui-même :

« Béraud, là-dessus, n'exagère pas. J'ai entendu ses hurlements tandis qu'on le torturait; et, de tous mes souvenirs de ces affreuses
journées, celui-là est resté le plus terrible
dans mon esprit. Ni les fureurs des gardiens,
ni leurs invasions le sabre nu, ni les vio-
lences exercées sur Barbès et Bernard, ni les
cris de Barbès : On m'assassine ! tandis qu'on
le frappait, ni cet effroyable tumulte de vingt
hommes frappant, se poussant, se débattant
dans l'étroit corridor des loges, rien n'ap-
proche dans mon souvenir de l'effet produit
par les hurlements de Béraud éclatant tout à
coup dans le silence de la nuit. Ces cris :
« Ah ! Ah !... vous me brisez ! » poussés par
une voix entrecoupée et par éclats perçants,
ces cris me retentissent encore aux oreilles.
Nous étions livrés à la rage discrétionnaire de
ces bourreaux, et ils usaient largement de
leur puissance. »

« C'est une guerre à mort, disait d'une

voix farouche Gaillard, qui est bien sans contredit le plus atroce des sicaires de bas étage de notre Spielberg; c'est une guerre à mort, disait-il en ouvrant et visitant les loges le 25 mai. Le premier qui dit un mot, pas de rémission. »

« L'un de nous, Bordon, ayant essayé d'adresser la parole à un camarade qui était dans une loge voisine, un simple gardien accourut en criant : Taisez-vous! si vous dites un mot, je vous ferre. Or tu sais ce que c'est que ferrer. Ces misérables avaient la faculté de nous ferrer à volonté. De ma loge j'entendais à chaque instant un épouvantable bruit de fers et des chaînes retentissant sur les planches et qui accompagnait tous les mouvements de mes camarades chargés de ces fers. Cela aussi était bien horrible!... jour et nuit j'entendais ce fracas sinistre, tantôt plus près, tantôt plus loin, selon la distance des loges où s'agitait le prisonnier. Quelles journées! quels monstres!..., »

Une évasion fut tentée; elle avorta. La captivité devint plus dure.

Faute d'air, M. Blanqui se mourait. M. Barbès luttait aussi contre la mort. Ni l'un ni l'autre ne se plaignaient. Le pouvoir eut peur de l'effet moral que ces deux morts pourraient produire dans l'opinion. Il se hâta d'envoyer M. Barbès à Nîmes et M. Blanqui à Tours.

C'est là que le bruit de la Révolution de février arriva jusqu'à lui.

Le 25 février il était à Paris, et, le soir même, à huit heures, plusieurs centaines d'hommes armés se pressaient autour de lui dans la salle du *Prado*. Ces hommes lui offraient leur bras pour renverser le gouvernement provisoire, où dominait l'élément monarchiste. Sa croyance dans la force lui faillit à cette heure propice où nulle installation sérieuse n'existait encore. Il opta pour l'expectative : il était perdu.

Sous le nom de *Société républicaine centrale*, il forma un club qui tint ses séances dans la salle de spectacle du Conservatoire. Ce club était entre ses mains un instrument à l'aide duquel il espérait influer sur la marche de la Révolution. Bon appréciateur et très-habile à diriger les hommes, il fut dès le premier jour un objet de terreur pour le gouvernement provisoire.

Froidement accueilli par les membres du gouvernement et par son ancien compagnon de prison M. Barbès, il trouva dans son abnégation le courage d'attendre. Il eut peur de perdre la République en frappant ce pouvoir d'un jour, éclos de l'intrigue des bureaux de journaux, du hasard des temps et de la bonhomie des Parisiens.

Dès que M. Blanqui eut jugé à sa juste valeur le gouvernement provisoire, la pensée de l'abattre dut invinciblement s'emparer de son esprit.

Il l'essaya une première fois, le 17 mars, par une manifestation à l'Hôtel de Ville pour l'ajournement des élections. M. Cabet fit manquer cette grande manœuvre, qui eût singulièrement modifié les destinées de la Révolution en France et en Europe.

Le gouvernement provisoire en fut quitte pour la peur. Mais, après la journée du

17 mars, dans laquelle M. Blanqui reparut
plus menaçant encore à l'Hôtel de Ville, la
peur le poussa aux extrémités. La résolution
fut prise par la plupart des membres du
gouvernement d'arrêter Blanqui.

Les élections ajournées, pour eux, c'était
une Chambre rouge, et par cette Chambre,
Blanqui au gouvernement.

Ce fut au ministère de l'intérieur, autour
de Ledru-Rollin, par les Sobrier, les Lamieussens, les Étienne Arago, les Landrin, les Caussidière et autres que la résolution du gouvernement trouva le plus d'appui.

Je tiens de l'honorable M. Crémieux que
M. de Lamartine résista seul au projet d'ar-
restation de M. Blanqui. Ses collègues du
gouvernement provisoire insistèrent vainement
pour que cette mesure fût prise. On mit la
plume aux mains de M. de Lamartine, mais
il la rejeta, ne voulant pas donner force d'exé-
cution à cet ordre auquel il ne manquait que
sa signature.

C'est environ vers la même époque que fut
publiée une pièce intitulée : *Déclarations fai-*

*tes par*** devant le ministre de l'intérieur.*
C'était un rapport sur l'affaire du 12 mai 1839.

Quoiqu'il ne fût pas signé, il résultait de la
tournure de sa rédaction que M. Blanqui seul
pouvait en être l'auteur.

Un jugement de la 6ᵉ chambre, en date
du 14 mars 1857, établissant l'authenticité
des « documents historiques qui signalent
Auguste Blanqui comme l'auteur véritable de
la pièce imprimée dans la *Revue rétrospective,* » je n'ai pas le droit de revenir sur
cette question.

Reste la situation du flétri.

À cinquante et un ans, M. Blanqui a déjà
payé dix-neuf années de sa vie aux prisons,
et trois ans lui restent encore à solder. C'est
un triste passé et un triste avenir.

Est-ce ainsi que la police paye ses complaisants?

C'était pour sauver sa tête, disent les com-
mentateurs. Il résulte, néanmoins, des déclarations de M. Dupont, son défenseur, que
M. Blanqui avait intérieurement dit adieu à
la vie.

Louis-Philippe n'eût peut-être pas osé prendre la tête de M. Blanqui après avoir reculé devant la menace du peuple qui, par son attitude, lui défendit si clairement de toucher à celle de M. Barbès.

D'autres accusations circulèrent dans le public. Elles allèrent si loin qu'on essaya de faire passer M. Blanqui pour un agent du comte de Chambord. Il faut que les inventeurs de bruits fantastiques aient une bien grande confiance dans la stupidité du peuple et la malignité des hommes.

M. Blanqui protesta. Mais que peut la protestation contre un bruit qui court de bouche en bouche?

On nomma un jury; on fit une enquête; les tribunaux furent saisis. En dehors de l'action judiciaire, des conciliabules se formèrent. La conduite de M. Blanqui fut examinée. Ces conseils n'aboutirent à aucun résultat décisif. J'ai eu l'occasion de feuilleter quelques-unes de ces pièces aujourd'hui fort rares. Elles laissent un libre champ aux conjectures.

MM. Barbès, Lamieussens, Dupoty, Proudhon, Cabet, Étienne Arago, etc., constitués en tribunal d'honneur, ne furent pas plus heureux.

Le 12 avril, quarante-neuf patriotes des *Familles* et des *Saisons* protestèrent avec indignation contre toute interprétation tendant à la culpabilité de leur chef.

Le 14, M. Blanqui publia une lettre où, sans s'attarder à une défense inutile, il attaquait de front le gouvernement provisoire.

Deux jours après, une de ces *journées* qui devaient perdre la seconde République éclata. M. Blanqui y a puissamment contribué. Le but du mouvement était d'emporter le gouvernement provisoire et d'y substituer une dictature radicale.

Quoique M. Ledru-Rollin en dût faire partie, il eut peur d'avoir pour collègue M. Blanqui, et ordonna de battre le rappel. Cette mauvaise affaire donna tout simplement au général

Changarnier l'occasion de faire le rodomont
de l'ordre et de parader au premier plan
jusqu'à ce que son tour fût venu de conspirer
aussi.

La seconde République se noyait ; le
16 avril l'enfonça davantage.

On a déjà indiqué ici, à propos de MM. Ledru-Rollin et Louis Blanc, quelques-unes des
suites de la journée du 16 avril. Elles aboutirent à la journée du 15 mai, dans laquelle
tant de compétitions vinrent se briser. On sait
ce que fut M. Blanqui à la tribune de l'Assem-
blée envahie. Au bruit du rappel, qui déjà
sonnait le glas funèbre de la République, il
demanda la reconstitution de la Pologne dans
ses limites de 1772. Il rappela le sang versé
à Rouen, et termina par cette simple parole :
« Le peuple demande aussi que vous pensiez
à sa misère. »

Ce qui, à travers leurs fautes, donne de
MM. Blanqui, Barbès et Raspail une meilleure
idée que celle qu'on peut concevoir du gouvernement provisoire tout entier et de Cavai-
gnac, c'est qu'ils eurent du moins le senti-

ment de la question extérieure. Il y a dans ce mot : République française, une pensée générale qu'ils comprirent, qu'ils exprimèrent et qu'ils ne purent réaliser, n'étant rien dans le pouvoir.

Le traité de Paris a mis à nu quelques-unes de ces plaies, toujours saignantes, toujours menaçantes pour la tranquillité publique.

Quand la manifestation du 15 mai se fut noyée, répandue, évaporée, et que la garde nationale put prendre la seconde revanche de son ineptie de Février, M. Blanqui se réfugia à Maisons-Lafitte. Il entra ensuite dans Paris, travesti en officier de la garde nationale. Il vagua plusieurs jours sous cette livrée de la victoire et fut pris à table avec MM. Flotte, Lacambre, etc., rue Montholon, 14, le 28 mai, à six heures du soir.

Avec un calme digne des hommes de l'antiquité, il exprima le désir d'achever son repas avec ses amis.

Le public l'a retrouvé au procès de Bourges en face de M. Barbès, devenu son ennemi mortel. Tous deux échangèrent là d'amères

paroles. Barbès, le spiritualiste, a dû accueil-
lir avec crédulité les calomnies dirigées contre
le matérialiste Blanqui. Ces deux hommes,
faits si différemment, quoique engagés dans
la même voie et tendant au même but, sont
aussi irréconciliables que l'eau et le feu.

Les seules et grossières apparences d'une
culpabilité quelconque ont dû apparaître aux
yeux de M. Barbès comme une preuve irréfra-
gable. Déjà il attribuait à M. Blanqui le mauvais succès de la journée du 12 mai 1839. Il
lui reprochait d'avoir été grâcié en 1847
lorsqu'on l'avait jeté mourant à la porte de sa
prison.

M. Blanqui fut condamné à dix ans de
prison.

A Belle-Isle, où il est incarcéré, il a tenté
une évasion qui a échoué.

Dans sa prison, jamais on ne l'a entendu
élever la voix contre M. Barbès. Il faut que
les circonstances l'exigent absolument pour
qu'il se résigne à prononcer le nom d'une
personne qui l'a offensé.

Un graveur anglais a fait de cet homme

célèbre un magnifique portrait. L'artiste a bien saisi la beauté, le développement de son front, siége des hautes facultés.

Mais a-t-il su également saisir cette amertume intérieure, ce mépris de l'humanité qui consume cette âme souffrante?

Il a eu dans sa vie bien des malheurs publics et privés. A cette heure encore, dit-on, d'implacables animosités lui aliènent le cœur de son fils, âgé de vingt-deux ans, et qu'il aime tendrement.

Où trouver des consolations à de si vastes adversités, lorsque la nature et l'étude n'ont laissé en vous que la poussière des religions éteintes, et sur ces ruines de simples convictions scientifiques?

Formées de bonne heure, les convictions philosophiques et politiques de M. Auguste Blanqui n'ont pas varié. Il a toujours été républicain et matérialiste. Son matérialisme appartient à l'école physiologique de Broussais.

Il n'est pas aussi facile de définir la manière dont M. Blanqui conçoit l'idée républicaine.

Depuis que la question sociale est venue com-
pliquer ce vaste problème gouvernemental,
cinq ou six écoles ont surgi. A laquelle de ces
écoles M. Blanqui donne-t-il la préférence? On
l'ignore.

Soit habileté, soit dédain de la plume, à
une époque où chacun est si pressé d'écrire,
il a toujours évité de formuler une doctrine.
Il n'a écrit qu'à de rares intervalles, pour se
défendre, par exemple, comme en 1848.

Mais ce peu qu'il a écrit dénote un talent
qui, pour prendre un rang élevé dans le
monde des penseurs, n'aurait eu besoin que de
se produire. Le passage suivant, extrait d'une
des lettres par lesquelles il riposta aux calomnies savamment organisées du ministère de
l'intérieur en mars 1848, peut donner un
échantillon de la forme dont il revêt ses
idées.

« Parmi mes compagnons, écrivait-il, qui
a bu aussi profondément que moi à la coupe
d'angoisses? Pendant un an, l'agonie d'une
femme aimée, s'éteignant loin de moi dans le
désespoir; et puis, quatre années entières,

un tête-à-tête éternel, dans la solitude de la
cellule, avec le fantôme de celle qui n'était
plus : tel a été mon supplice, à moi seul,
dans cet enfer du Dante. J'en sors les cheveux blanchis, le cœur et le corps brisés. Et
c'est moi, triste débris qui traîne par les rues
un corps meurtri sous des habits râpés, c'est
moi qu'on foudroie du nom de vendu, tandis
que les valets de Louis-Philippe, métamor-
phosés en brillants papillons républicains,
voltigent sur les tapis de l'Hôtel de Ville, flé-
trissant du haut de leur vertu, nourrie à quatre services, le pauvre Job échappé des prisons de leur maître ! »

Les valets de Louis-Philippe, c'est évi-
demment la faction orléaniste du gouvernement provisoire, ceux qui volontiers se fus-
sent arrêtés à la régence de madame la
duchesse d'Orléans, les Garnier-Pagès, les
Marie, etc.

Comme il est éloquent, le cri de ce Job
qui, sur le fumier que lui fait la calomnie,
dit au peuple : « Vois ma misère et mes douleurs ! » Mais aussi comme chacune de ses pa-

roles creuse un abîme autour de lui! Comme
on sent que Job a trop souffert pour pardon-
ner à ses ennemis! Quelle menace dans le
grêle gémissement de cette voix lamentable
qui s'élève du fond du gouffre!

Alors les coupables, les timides, les indo-
lents, les sages, les modérés, cette grande
masse mi-partie, moitié bonne, moitié mauvaise, qui forme la généralité d'un peuple, se
trouble. Cette voix mélancolique lui cause
plus d'effroi que si elle rugissait la menace.

J'ai eu un instant sous les yeux de nom-
breuses lettres de M. Auguste Blanqui. Le
style en est clair et original. Presque toutes
sont sur un ton de plaisanterie acidulé par la
souffrance. Elles dénotent une nature délicate, cultivée. Çà et là le cœur apparaît
comme une herbe verdoyante dans les fentes
d'une roche aride. Mais l'esprit et la satire
dominent.

On y rencontre peu de formules générales.
En voici une pourtant dont j'ai pris copie,
parce qu'elle contient une véritable doctrine
en matière de procédé historique. « La Révo-

lution, écrivait-il à un historien, est un drame
peut-être plus qu'une histoire, et le pathéti-
que en est une condition aussi impérieuse
que l'authenticité. »

Comment allier cette élévation d'esprit
avec l'horreur de l'idée pour laquelle témoigne
l'existence politique de M. Blanqui? « Ce sont
les journaux qui ont tout perdu, » dit-il
quelque part.

Et pourtant il sait mieux que tout autre
qu'après la bataille ce sont ces hommes de
plume, dédaigneux des hommes de combat,
qui s'emparent toujours du pouvoir.

D'où vient cette persistance à se faire et à
rester glaive?

Avec cela, un goût décidé pour toutes les
hautes cultures de l'esprit. Un de ses compagnons de prison à Belle-Isle écrivait à un cor-
respondant de Paris : « Mon codétenu Blanqui, qui a des envies de convalescent, me
tarabuste pour que je vous prie de voir si
par bonheur vous ne pourriez pas mettre la
main sur une collection de la *Revue bri-
tannique*... C'est le plus grand mangeur

de livres que j'aie rencontré de ma vie. »

- En effet, il en a mangé de tous genres : livres de science, de philosophie, de voyages, car ce prisonnier aime passionnément les récits de voyages. Il sait sa géographie mieux qu'un capitaine au long cours, lui qui vingt ans a vécu dans les cachots. Ne dites pas devant lui que tel fleuve de la Chine passe ici ou là, si vous n'êtes pas certain du fait, car votre erreur ne lui échappera pas, et il vous la signalera.

Profond latiniste, il lit à livre ouvert les plus difficiles auteurs. Celui qu'il aime par-dessus tous les autres, c'est Tacite, Tacite, le vrai livre en effet des hommes politiques.

Mais, par un contraste rare, ce buveur de lait, cet homme, plus sobre qu'un cénobite, adore Horace.

Virgile est le délassement de ses heures de repos.

Au surplus, comme la plupart des hommes à aptitudes générales, tous les genres le charment, « hors le genre ennuyeux. »

Il a même lu des romans, quoiqu'il les aime

peu ; mais, lorsqu'ils se distinguent par une forme exceptionnelle, cette forme l'entraîne. C'est à ce titre qu'il a lu *Mademoiselle de Maupin*, de M. Théophile Gautier, qu'il admire. Le mérite de cet écrivain, aux yeux de M. Blanqui, est de savoir assouplir la langue à tous les caprices de l'auteur.

Certains ouvrages de M. de Lamartine lui plaisent ; mais, bien avant M. Sainte-Beuve, M. Blanqui avait dit de l'auteur des *Girondins* : « En histoire, c'est un romancier. »

Il signale surtout, comme modèle de licence romanesque, son histoire de la Révolution de février. Nous sommes à cet égard entièrement de l'avis de M. Blanqui. Bref, il dément formellement la prétendue offre d'une ambassade qui lui aurait été faite par M. de Lamartine dans l'entrevue qu'ils eurent ensemble au ministère des affaires étrangères.

M. de Lamartine n'est pas absurde à ce point.

A une époque où les pouvoirs issus de la Révolution en Europe tombaient de toutes parts aux mains des orateurs, des publicistes

et des poëtes, qui, d'ailleurs, prouvèrent leur
impuissance gouvernementale, M. Auguste
Blanqui, par un contraste violent, s'ensevelit
de plus en plus dans sa croyance à la force
brutale. Dans son club de la rue Bergère, il
maintint les esprits dans la seule sphère de
l'action par les armes.

Il avait dédaigné le prestige de l'idée, l'idée
l'abandonna. Il lui fut impossible de généra-
liser son influence. Il resta conspirateur à
une époque où, avec son sentiment de l'action, il eût conquis un avantage considérable
sur les hommes du pouvoir, s'il eût été
précédé, comme Louis Blanc, Arago ou Lamartine, d'une réputation intellectuelle.

Il eût alors revêtu toutes les apparences
d'un homme complet.

Je suis loin de partager l'espèce de terreur
qui s'attache au nom de M. Auguste Blanqui.
Cette nature délicate, spirituelle et tendre,
enflammée d'une passion dévorante pour la
cause du peuple, dévastée par la souffrance
physique et morale, égarée par la religion du
fusil, a pu s'aigrir, se dessécher dans la soli-

tude des cachots. Mais son implacabilité eût cessé, je le crois, avec l'impuissance et le malheur.

Il est trop tard maintenant. Il a cinquante et un ans. Sa statue est fondue. Sa légende est faite; nulle puissance humaine ne la détruira. Il apparaîtra toujours à l'imagination des masses plus chargé d'ombres qu'une toile espagnole. Son nom est une hache. La destinée l'opprime et l'enferme. S'il avait encore un rôle à jouer, il faudrait que ce rôle fût conforme à cette destinée. Le peuple n'en voudrait pas pour autre chose. Fatalité! Nécessité! Oh! les premiers pas dans leur vie, qui donc en exprimera la puissance cabalistique?

Il aura beau faire et beau dire : quoiqu'il dise, quoi qu'il fasse, tout viendra se fondre dans le type préconçu par l'imagination des masses.

Je l'aperçois d'ici au milieu du préau de Belle-Isle. Ses compagnons l'ont décidé à quitter sa cellule et à prendre part à leurs jeux. Il joue aux boules... Oui, M. Auguste

Blanqui joue aux boules, comme les rentiers
débonnaires des Champs-Élysées.

Eh bien, non, l'imagination ne le veut pas
ainsi. Elle l'entrevoit jouant aux boules, s'il
le faut ; mais il joue avec plus d'ironie que
les fossoyeurs d'Hamlet, et demain ces boules
seront peut-être des crânes.

On lui a vu, tel ou tel jour, des gants noirs.
Désormais, dans la légende, jour et nuit,
dedans ou dehors, il ne marchera plus que
ganté de noir. Et l'imagination, que rien n'a-
paise, de se dire : « Quelle lèpre se cache
sous ce gant noir ? »

Esclave de la propreté, comme la plupart
des délicats, il éprouve d'invincibles répu-
gnances pour les vases sordides et ébréchés
des prisons. Il aimera mieux mettre ses ali-
ments dans un linge blanc, manger seul à
l'écart avec les mille précautions d'une propreté qui souffre.

Voyez-vous, dira-t-on, l'excentrique, le
mystérieux ! Tout est mystère dans cet
homme !

Menacé d'une hypertrophie du cœur, son

régime est presque entièrement végétal et lacté. Il aime à ses repas les légumes, les fruits. Il trempera des feuilles de laitue dans un verre d'eau et les mangera, parce qu'elles sont douces et rafraîchissantes à son sang brûlé par l'étude et par la séquestration.

Aussitôt l'homme-multitude de s'écrier :

— « Voyez-vous le cénobite, l'ascète, le vertueux!... »

La vertu! ô dangereuse parole!

Je ne crois pas qu'il y ait au monde de pays plus honnête que la France, si imparfaite qu'elle soit au gré de nos désirs. Et pourtant, quoique loyale et bonne en somme, la France a une incroyable horreur du mot vertu.

Ce qui l'a empêchée d'adopter sincèrement la République essayée par deux fois, c'est qu'elle s'est imaginée que la République et la vertu étaient une seule et même chose. Elle s'imagina que la République allait lui arracher ses chers vices, la galanterie, l'élégance, le tapage, l'amour du plaisir, et elle aimerait mieux mourir, devenir cosaque ou tartare, que de les perdre.

Quand le jeune Saint-Just eut formulé cet axiome digne de Jean-Jacques Rousseau : « La République, ce n'est pas un sénat, c'est la vertu ! » la France entière frémit. Ce mot a tranché la seule tête gouvernementale qui pût alors organiser la République : la tête de Robespierre.

La France aime François Ier pour son amour des arts ;

Henri IV pour sa bonhomie et sa galanterie ;

Mirabeau pour son éloquence ;

Napoléon pour ses batailles ;

Elle exècre encore Robespierre, parce que Robespierre fut l'homme le plus vertueux de la France et qu'il eut la pensée de rendre la France vertueuse comme lui.

Vertu, sobriété, continence, austérité, souffrance, toutes ces saintes choses trouvent de l'écho dans le crâne du penseur. Vers, prose, musique et peinture, célèbrent volontiers ces héroïsmes silencieux. L'âme des foules entolère l'expression sous forme de livres, de tableaux et d'opéras. Mais que cela devienne

expression gouvernementale, la foule recule
avec horreur.

Ni M. Auguste Blanqui, ni aucun des
hommes qui appartiennent à la légende des
cachots et des austérités républicaines, né me
paraissent avoir un sérieux avenir politique,
alors même que la France, bouleversée de
fond en comble comme une chaudière en
ébullition, renouvellerait complétement les
superficies.

Que de choses il leur faudrait oublier !

Et il est impossible qu'ils oublient. — On
ne sait pas assez ce qu'a été le régime des prisons sous MM. Thiers et Duchâtel. On ne sait
pas ce qu'ont souffert les prisonniers politiques
du mont Saint-Michel, par exemple.

Ils ont été traînés par les cheveux sur les
escaliers de granit de ce funeste monas-
tère.

Ils ont été battus par de vils argousins.

On leur a rivé des fers qui entraient dans
leur chair et leur faisaient craquer les os.

Ils ont entendu, en plein dix-neuvième siècle, dans le silence de la nuit, les cris terribles de ceux d'entre eux qu'on torturait.

Ils ont vu leurs compagnons, pourris, couverts de plaies et de poux dévorants au fond de lugubres *in-pace*...

Et Louis-Philippe est mort paisiblement dans son lit à Claremont, avec la gaieté d'un vieux voltairien.

Quand on a vu et pâti de telles calamités, on ne donne pas, selon l'expression de M. Auguste Blanqui, ses souffrances « pour un plat de lentilles. »

Il ne tient plus à la vie, mais il veut l'échanger « contre quelque chose. »

Or ce quelque chose, c'est le repos peut-être? l'oubli? la vieille mère, l'enfant, le foyer, la nature? Non! point de repos! point de joie! point de halte entre la torture et la tombe!

Ce quelque chose, c'est le pouvoir.

Les jeunes Athéniens disaient : « Une nuit d'Aspasie, et la mort! »

M. Auguste Blanqui est un des dix mille

amants de l'Aspasie moderne qui s'écrient dans leurs fiévreuses insomnies : « Quinze jours de pouvoir, et la mort ! »

Quinze jours, oui, cela eût été possible. Un homme comme Auguste Blanqui pourrait être le dictateur des jours de colère ; mais, la colère assouvie, il disparaîtrait avec elle.

Il pourrait même être l'homme des grands jours d'Auvergne d'une république démocratique, le justicier du peuple ; mais le peuple ne manquerait pas de le tuer ensuite, tant le peuple a en même temps soif et horreur de la justice.

Que de gens se contenteraient du maximum de trois mille livres de rente dont parlait Robespierre ! Le cadre d'une laborieuse existence peut trouver place dans la plus austère des conceptions républicaines ; avec les affections du logis, un livre et un rayon de soleil, le sage aura toujours sa suffisante part de joie en ce monde. Mais je sens bien et j'avoue que mon pays est plus turbulent et plus expansif dans ses goûts et dans son caractère.

Pour gouverner la France, il faut plus de sérénité.

Ceux-ci ont trop souffert; en temps normal ils sont impossibles.

FIN.

tous les autres sont nourris ici pour rien et à
rien faire; ils n'auraient pas ainsi au dehors leur pain tout trouvé. Les voilà bien à
plaindre!

« Oh! grand Dieu! faut-il se voir insulté
avec cette barbarie sur son lit de douleur?
J'ai gardé le silence : qu'avais-je à dire à ces
deux consolateurs, debout, aux côtés de mon
grabat, comme deux génies de l'enfer, se relayant pour achever leur victime? »

La plus lamentable peut-être de ces révélations d'un passé qui envoie à l'esprit comme
un souvenir de l'inquisition espagnole a été
écrite par un pauvre étudiant, jeté sans doute
par entraînement de jeunesse dans cette mauvaise affaire de mai et condamné à deux ans
de prison. Son nom est Béraud. C'est lui-
même qui parle. Son récit peut faire pendant à ce que nous racontions du bagne de
Nisida dans le portrait du marquis Dekearretto.

« . . . . Bientôt je vis ma chambre envahie
par vingt gardiens, à la tête desquels se trouvait Turgot, le sabre à la main, la fureur
dans les yeux. On me saisit et l'on me mit

les fers aux pieds et aux mains. Ces fers n'a-
vaient pu être mis à d'autres, tant ils étaient
étroits. Un prisonnier civil, le serrurier, fut
appelé pour les river; on me traîna ensuite
aux loges par les fers des pieds et en me
frappant à plusieurs reprises. Arrivé aux loges, je demandai l'inspecteur; on me menaça du bâillon si je ne me taisais pas.
Les fers avaient fait enfler mes pieds et mes
mains; j'essayai, au bout de vint-quatre heures, d'arracher un clou à la muraille; j'y par-
vins avec mes dents; et, après deux heures
d'efforts, je réussis, en tournant la vis, à des-
serrer un peu mes fers. Mais ce fut pour mon
malheur. Le soir, une ronde de gardiens vint
me les visiter, et Turgot, s'apercevant qu'ils
étaient desserrés, me maltraita et envoya
chercher un tourne-vis. Avec l'aide de Gaillard, il tourna vigoureusement la vis, et aussitôt le sang jaillit. Je sentis mes os broyés; la
douleur m'arrachait des cris, mais ils tour-
naient toujours. Voyant que j'avais encore
mes lunettes, il me les arracha : Des misérables comme vous, me dit-il, ne doivent rien

avoir. Puis, tirant son sabre, il m'en menaça
en ajoutant : *Le premier qui raisonne, je
le lui passe à travers le ventre.* Je tombai
évanoui sur les dalles et restai sans connaissance, tant les douleurs que j'éprouvais
étaient vives. Il me laissèrent ainsi, et pendant la nuit je les vis revenir régulièrement
visiter les fers qui m'entraient dans les chairs.
Ainsi firent ils toute la journée, de deux heures en deux heures, et la nuit suivante. Le
surlendemain, huit heures après la visite du
médecin qui vint pour juger de mon état, on
m'ôta ces fers. Déjà malade d'une affection
de poitrine avant d'aller aux loges, ma situation empira beaucoup. Je fis de nouveau appeler le docteur et réclamai ses secours :

« — C'est inutile, monsieur, me dit-il.

« — Comment, inutile?...

« — Eh! sans doute; vous n'avez plus que
onze mois à rester ici; d'ici là vous ne
mourrez pas.

« — Mais je puis mourir le lendemain de
mon départ.

« — Cela ne me regarde pas.

« Et il sortit... »

Et, M. Blanqui ajoute ce témoignage plus
épouvantable que le récit lui-même :

« Béraud, là-dessus, n'exagère pas. J'ai entendu ses hurlements tandis qu'on le torturait; et, de tous mes souvenirs de ces affreuses
journées, celui-là est resté le plus terrible
dans mon esprit. Ni les fureurs des gardiens,
ni leurs invasions le sabre nu, ni les vio-
lences exercées sur Barbès et Bernard, ni les
cris de Barbès : On m'assassine! tandis qu'on
le frappait, ni cet effroyable tumulte de vingt
hommes frappant, se poussant, se débattant
dans l'étroit corridor des loges, rien n'ap-
proche dans mon souvenir de l'effet produit
par les hurlements de Béraud éclatant tout à
coup dans le silence de la nuit. Ces cris :
« Ah! Ah!... vous me brisez! » poussés par
une voix entrecoupée et par éclats perçants,
ces cris me retentissent encore aux oreilles.
Nous étions livrés à la rage discrétionnaire de
ces bourreaux, et ils usaient largement de
leur puissance. »

« C'est une guerre à mort, disait d'une

voix farouche Gaillard, qui est bien sans contredit le plus atroce des sicaires de bas étage de notre Spielberg ; c'est une guerre à mort, disait-il en ouvrant et visitant les loges le 23 mai. Le premier qui dit un mot, pas de rémission. »

« L'un de nous, Bordon, ayant essayé d'adresser la parole à un camarade qui était dans une loge voisine, un simple gardien accourut en criant : Taisez-vous! si vous dites un mot, je vous ferre. Or tu sais ce que c'est que ferrer. Ces misérables avaient la faculté de nous ferrer à volonté. De ma loge j'entendais à chaque instant un épouvantable bruit de fers et des chaînes retentissant sur les planchés et qui accompagnait tous les mouvements de mes camarades chargés de ces fers. Cela aussi était bien horrible :... jour et nuit j'entendais ce fracas sinistre, tantôt plus près, tantôt plus loin, selon la distance des loges où s'agitait le prisonnier. Quelles journées! quels monstres !... »

Une évasion fut tentée; elle avorta. La captivité devint plus dure.

Faute d'air, M. Blanqui se mourait. M. Barbès luttait aussi contre la mort. Ni l'un ni
l'autre ne se plaignaient. Le pouvoir eut peur
de l'effet moral que ces deux morts pourraient produire dans l'opinion. Il se hâta d'envoyer M. Barbès à Nîmes et M. Blanqui à
Tours.

C'est là que le bruit de la Révolution de
février arriva jusqu'à lui.

Le 25 février il était à Paris, et, le soir
même, à huit heures, plusieurs centaines
d'hommes armés se pressaient autour de lui
dans la salle du *Prado*. Ces hommes lui offraient leur bras pour renverser le gouvernement provisoire, où dominait l'élément monarchiste. Sa croyance dans la force lui faillit
à cette heure propice où nulle installation sérieuse n'existait encore. Il opta pour l'expectative : il était perdu.

Sous le nom de *Société républicaine centrale*, il forma un club qui tint ses séances
dans la salle de spectacle du Conservatoire.
Ce club était entre ses mains un instrument
à l'aide duquel il espérait influer sur la mar-

che de la Révolution. Bon appréciateur et
très-habile à diriger les hommes, il fut dès le
premier jour un objet de terreur pour le gouvernement provisoire.

Froidement accueilli par les membres du
gouvernement et par son ancien compagnon
de prison M. Barbès, il trouva dans son abnégation le courage d'attendre. Il eut peur de
perdre la République en frappant ce pouvoir
d'un jour, éclos de l'intrigue des bureaux de
journaux, du hasard des temps et de la bonhomie des Parisiens.

Dès que M. Blanqui eut jugé à sa juste valeur le gouvernement provisoire, la pensée de
l'abattre dut invinciblement s'emparer de son
esprit.

Il l'essaya une première fois, le 17 mars,
par une manifestation à l'Hôtel de Ville pour
l'ajournement des élections. M. Cabet fit
manquer cette grande manœuvre, qui eût
singulièrement modifié les destinées de la Révolution en France et en Europe.

Le gouvernement provisoire en fut quitte
pour la peur. Mais, après la journée du

17 mars, dans laquelle M. Blanqui reparut plus menaçant encore à l'Hôtel de Ville, la peur le poussa aux extrémités. N'osant arrêter M. Blanqui, ils résolurent de le perdre par la calomnie.

Les élections ajournées, pour eux, c'était une Chambre rouge, et, par cette Chambre, Blanqui au gouvernement.

Ce fut au ministère de l'intérieur, autour de Ledru-Rollin, par les Sobrier, les Lamieusseus, les Étienne Arago, les Laudrin, les Caussidière et autres, que fut ourdie cette ingénieuse atrocité. Le sieur Taschereau, ancien éditeur d'une *Revue rétrospective* publiée après 1830, attacha le grelot, gaiement, cyniquement, ouvrant la marche avec un petit couplet de Burns :

> Gens du pays fameux par ses gâteaux,
>   S'il est des trous à vos manteaux,
> Cachez-les bien : votre compatriote
>   Vous observe et de tout prend note,
>   Et puis, ma foi, le jour viendra
>   Où tout s'imprimera.

Suivait une pièce intitulée : *Déclarations*

*faites par***devant le ministre de l'intérieur.*
C'était un rapport sur l'affaire du 12 mai 1839.

Quoiqu'il ne fût pas signé, il résultait de la tournure de sa rédaction que M. Blanqui seul pouvait en être l'auteur.

L'espace me manque pour exposer ici, comme je l'ai fait ailleurs, cette ténébreuse machination. Mais aujourd'hui l'imagination des foules s'est fatiguée à tant d'autres spectacles, qu'elle peut, avec plus de calme, envisager le passé. Le bon sens a repris ses droits. Lui seul ne suffit-il pas à mettre à néant une insinuation aussi absurde?

A cinquante et un ans, M. Blanqui a déjà payé dix-neuf années de sa vie aux prisons, et trois ans lui restent encore à solder. C'est un triste passé et un triste avenir.

Est-ce ainsi que la police paye ses complaisants?

C'était pour sauver sa tête, disent les accusateurs. Il résulte, au contraire, des déclarations de M. Dupont, son défenseur, que M. Blanqui avait intérieurement dit adieu à la vie.

Louis-Philippe n'eût pas d'ailleurs osé prendre la tête de M. Blanqui après avoir reculé devant la menace du peuple qui, par son attitude, lui défendit si clairement de toucher à celle de M. Barbès.

Les calomnies répandues par le ministère de l'intérieur et par la préfecture de police allèrent si loin alors, qu'on essaya de faire passer M. Blanqui pour un agent du comte de Chambord. Il faut que les inventeurs de calomnies fantastiques aient une bien grande confiance dans la stupidité du peuple et la méchanceté des hommes.

M. Blanqui protesta. Mais que peut la protestation d'un honnête homme indigné contre la calomnie?

On nomma un jury; on fit une enquête; les tribunaux furent saisis. J'ai les mains pleines de l'écheveau embrouillé de cette affaire. Les gros fils blancs de l'intrigue s'y entre croisent de mille façons. Le cœur m'en lève de dégoût pour la duplicité humaine.

Taschereau n'avait pas fabriqué la pièce, voilà tout ce qu'on put prouver. Il avait imprimé une copie. Il fut impossible de remonter à l'original.

MM. Barbès, Lamieussens, Dupoty, Proudhon, Cabet, Étienne Arago, etc., constitués en tribunal d'honneur, ne furent pas plus heureux.

Le 12 avril, quarante-neuf patriotes des *Familles* et des *Saisons* protestèrent avec indignation contre l'impudeur des ennemis politiques qui ne dédaignaient pas de descendre à de pareilles manœuvres.

Le 14, M. Blanqui publia une lettre où, sans s'attarder à une défense inutile, il attaquait de front le gouvernement provisoire.

Deux jours après, une de ces *journées* qui devaient perdre la seconde République éclata. M. Blanqui y a puissamment contribué. Le but du mouvement était d'emporter le gouvernement provisoire et d'y substituer une dictature radicale.

Quoique M. Ledru-Rollin en dût faire partie, il eut peur d'avoir pour collègue M. Blanqui, et ordonna de battre le rappel. Cette mauvaise affaire donna tout simplement au général

Changarnier l'occasion de faire le rodomont
de l'ordre et de parader au premier plan
jusqu'à ce que son tour fût venu de conspirer
aussi.

La seconde République se noyait ; le
16 avril l'enfonça davantage.

On a déjà indiqué ici, à propos de MM. Ledru-Rollin et Louis Blanc, quelques-unes des
suites de la journée du 16 avril. Elles aboutirent à la journée du 15 mai, dans laquelle
tant de compétitions vinrent se briser. On sait
ce que fut M. Blanqui à la tribune de l'Assem-
blée envahie. Au bruit du rappel, qui déjà
sonnait le glas funèbre de la République, il
demanda la reconstitution de la Pologne dans
ses limites de 1772. Il rappela le sang versé
à Rouen, et termina par cette simple parole :
« Le peuple demande aussi que vous pensiez
à sa misère. »

Ce qui, à travers leurs fautes, donne de
MM. Blanqui, Barbès et Raspail une meilleure
idée que celle qu'on peut concevoir du gouvernement provisoire tout entier et de Cavai-
gnac, c'est qu'ils eurent du moins le senti-

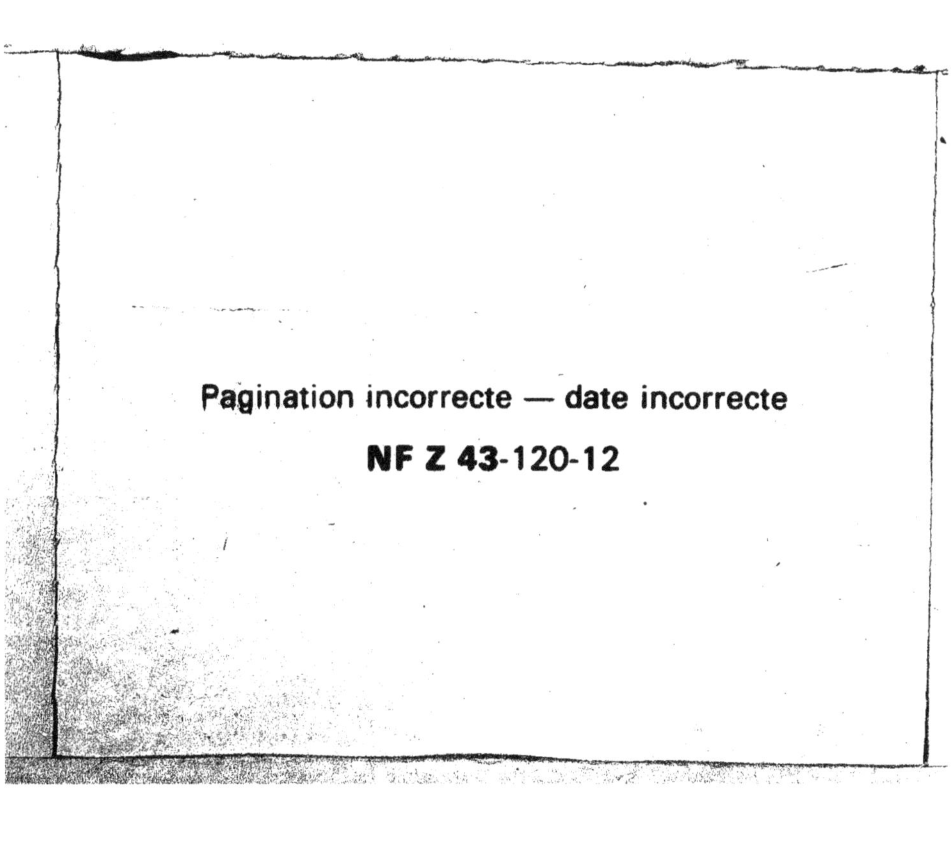
Pagination incorrecte — date incorrecte
NF Z 43-120-12

www.ingramcontent.com/pod-product-compliance
Lightning Source LLC
Chambersburg PA
CBHW061939080726
47597CB00011B/1147